1 MONTH OF FREE READING

at

www.ForgottenBooks.com

By purchasing this book you are eligible for one month membership to ForgottenBooks.com, giving you unlimited access to our entire collection of over 1,000,000 titles via our web site and mobile apps.

To claim your free month visit:

www.forgottenbooks.com/free1302143

ISBN 978-0-428-66315-5
PIBN 11302143

PABLO PARELLADA

A LA ORILLICA DEL EBRO

JUGUETE

en un acto y en prosa

ORIGINAL DE

APELES MESTRES

TRADUCCIÓN Y ARREGLO AL CASTELLANO

MADRID
SOCIEDAD DE AUTORES ESPAÑOLES
Calle del Prado, núm. 24

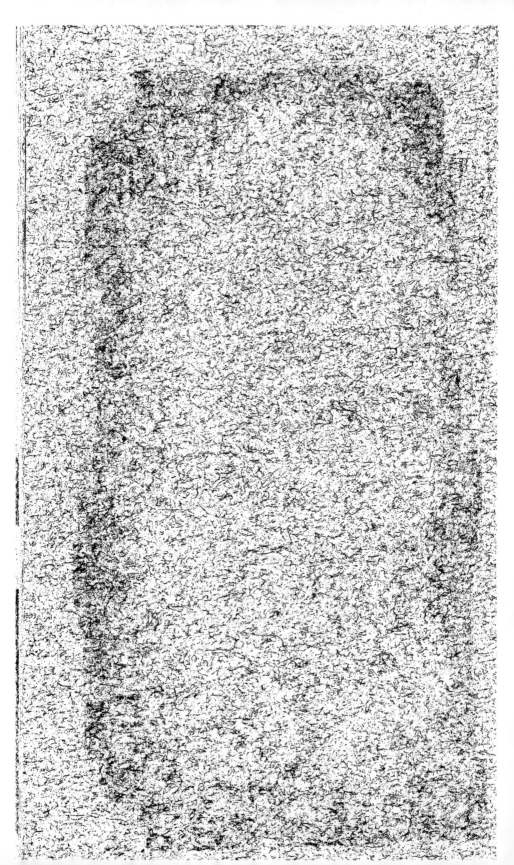

A LA ORILLICA DEL EBRO

Á LA ORILLICA DEL EBRO

JUGUETE

en un acto y en prosa

ORIGINAL DE

APELES MESTRES

traducción y arreglo al castellano de

PABLO PARELLADA

Estrenado en el TEATRO LARA la noche del 14 de
Noviembre de 1913

❋

MADRID

R. VELASCO IMP., MARQUÉS DE SANTA ANA, 11 DUP.

Teléfono número 551

1913

REPARTO

PERSONAJES — ACTORES

EL TÍO TERNE, 50 años........... SR. ISBERT.

SABELICA, su hija, 20 íd.......... SRTA. SECO.

GERVASIO, armadiero, 50 íd....... SR. PÉREZ.

QUINTÍN, su hijo, 25 íd........... PERCHICOT.

MOSÉN ANTÓN, 60 íd............. MIHURA.

DAMIÁN, armadiero, 30 íd........ COLLADO.

QUITERIA, su mujer, 28 íd........ SRTA. MOBELLÁN.

MANDANGA, armadiero, 40 íd..... SR. TORDESILLAS.

BÁRBARA, su mujer, 35 íd........ SRTA. ILLESCAS.

Armadieros, sus mujeres y chicos

Lugar de la acción: ribera del Ebro del alto Aragón
Época actual

Las indicaciones, del lado del actor

ACTO UNICO

A la derecha, por entre arbustos y juncales, asoma la popa de una lancha; en este lado se supone el río Ebro, parte de cuyo curso y revueltas se ven en el fondo. Por encima de los arbustos de la izquierda se ven las primeras casas del pueblo lejano; pinares en último término de la izquierda: algunos troncos de pino á medio descortezar en el suelo. Amanece.

(Por la izquierda llega DAMIÁN y queda mirando á la derecha; MANDANGA le sigue.)

Man. ¿Qué tal baja el río, Damián?

Dam. Juertecico; me pa que hoy, en cuatro horas nos plantamos en Tuela.

Man. Si no nos traga la corriente.

Dam. A esos marinericos del mar, tan majetones y tan fachendosos, los quisiá yo ver bajar pol Ebro, encima de esas almadías, como hacemos nusotros.

Man. Y sortiar las rigüeltas.

Dam. Y saltar con las almadías por encima de las presas.

Man. Y pasar por debajo del puente de Zaragoza, que pa no dar un capucete, tiés que agarra-te que se te tronzan los brazos.

Dam. ¿Y cuales vamos á dir hoy?

Man. Me pa que los de la semana pasá; yo, tú, el Quintín, el...

Dam. Qué misió. Me se fegura que corren malos aires pal Quintín.

Man.   ¿Por qué lo dices?

Dam.   Porque hace una temporá que el tío Terne me lo trata pior que á un abrio; no le ice expresión de palabra que no sea pa regañale.

Man.   ¿Y qué? Ya sabes que el tío Terne... eso de regañar es el genial de su carácter. (Echan un pitillo.)

Dam.   Es que al Quintín se la tié jurá; y si no lo has comprendido es que tiés pan en los ojos. Antantayer mesmo... por náa, le soltó una rociá que, si es á mí, más hubiá querio cuatro getazos; y el chico, callao...

Man.   Como que si le contesta lo mete hacia fuera del tajo.

Dam.   Eso sería lo de menos, porque el chico es honrao, tié rasmia pal trebajo y no le faltarían pinares donde ganarse la vida; pero saguanta... porque... porque le gusta la Sabelica.

Man.   ¿La hija del tío Terne?

Dam.   Mesmamente.

Man.   Mu maja es... Tamién á mí me gusta.

Dam.   Y á mí.

Man.   Pero no está bien que lo digamos.

Dam.   ¿Por qué?

Man.   Porque tú y yo semos casaos y no está bien que nos gusten todas.

Dam.   Estás equivocao: el soltero es un hombre que no le gusta más mujer que una y el casao es un hombre que le gustan todas menos una.

Man.   Explicao.

Dam.   Por eso al Quintín no le gusta más que la hija del Sobrestante.

Man.   No pensé que picaba tan alto.

Dam.   Pues pica. Y á la Sabelica no le paice mal. Y el tío Terne se lo ha olio y por eso está tan furo.

Man.   Calla, que viene. (Se retiran hacia el fondo derecha.)

(El TÍO TERNE y GERVASIO, vienen por primer término izquierda.)

Ger.   (Calmoso.) Tamién es humor.

Terne   (Enérgico.) Que sea.

Ger.   A tu edad.. dirte á Zaragoza en las almadias...

Terne	Me da la gana.
Ger.	Con lo juerte que baja el Ebro...
Terne	Na; agua, na más.
Ger.	(Mirando por la derecha.) Es que es mucha agua la que trae.
Terne	Mucha; y eso que no vemos más que la que va por encima... que por debajo va mucha más.
Ger.	Es mu juerte la corriente, Samuel...
Terne	Méjor; así llegaremos antes y con antes.
Ger.	¿Y si vuelcas y te vas al fondo?
Terne	Como si me voy á la fonda. Hi dicho que me voy á Zaragoza en las almadías, y cuando un hombre dice una cosa no tié que volverse atrás manque lo fusilen.
Ger.	Pero no negarás que irias mejor en el tren.
Terne	Yo no viajo nunca en el tren, porque es una engañifa; sales á la hora que él quiere; llegas cuando al maquinista le da la gana; vas apretao; te puen quitar los dineros; ¡quiá! ¡quiá!; pa mí no hay más cerrocarril que los maeros de las almadías; me tumbo encima... y... río abajo, sin polvo ni humo pol camino.
Ger.	¿Y el sol?
Terne	El sol... á mí no me da más que por un lao.
Ger.	¿Y si llueve?
Terne	(Incomodado y poniendo término á las objeciones.) ¡Me meto debajo de la almadía! ¡Hemos rematao! (Viendo al Damián y al Mandanga.) ¿Qué bacis aqui vusotros?
Dam.	Asperando que vengan los demás.
Terne	(Mirando al suelo.) ¿Y qué es esta ceniza?
Dam.	D'alguna hoguera de los probes aquellos.
Terne	¿Cualos?
Dam.	Unos caldereros que anoche acamparon aquí.
Man.	Los hungáros.
Terne	A ver si un día nos pegan fuego á los piñares. ¡Si yo fuá Gobierno, pronto acabaría con esa casta de vagos que van pol mundo afanando too lo que se presenta! ¿Habís mirao si han quitao algo?
Dam.	(Riendo.) ¿Qué quiusté que se lleven? ¡Como no sea algún maero!...
Terne	¡Güeno, güeno! en vez de charrar tanto, podíais atar los maeros que faltan.

Dam.	Asperábamos que viniera Quintín.
Terne	(Como si le hubiera picado una avispa.) ¡Qué Quintín ni qué repaño? ¡Quintín no hace falta pa ná!
Dam.	(Aparte á Mandanga.) Ya tocan á fuego.
Man.	(Aparte á Damián.) Hoy ha pisao mala hierba.
Terne	¡Hala! ¡Hala! A rematar lo que falta.
Dam.	(Aparte á Mandanga.) Amonos, que viene [furo. (Vanse por la derecha.)
Terne	Oye, Gervasio; estoy mu requemao...
Ger.	¿Con mí?
Terne	Con tú no; con tu chico.
Ger.	¿Qué? ¿Ta hecho Quintín alguna juada?
Terne	Se guardará bien, ni él ni naide.
Ger.	¿Antonces?
Terne	Antonces... Que no quió que paizca por mi casa en vainte leguas á la redol.
Ger.	Pero, ¿no hablas en groma?
Terne	¡Pa gromas estoy yo!...
Ger.	¿Pues qué ha hecho mi hijo?
Terne	Que ma entontecío á la Sabelica.
Ger.	¿A tu hija?
Terne	(Enérgico.) ¡A mi hija, sí! ¡A mi hija! Y estoy del Quintín, por encima de la cocota; conque, por tu comenencia y por la suya, l'avisas que, solo conque gose mirala, vamos á salir en coplas.
Ger.	Pero, ¿es verdá que festejan?
Terne	¡Otra que Dios! ¡Si ella mesma me lo ha dicho, la muy... y más; y en mi cara! que le tié afeuto, y que le tié lay, y que será pa él y que no será pa otri y... ¡Que mi sió, toa esa letanía que largan las mocetas cuando les ha picao la tarantúla.
Ger.	Pero considera...
Terne	Na tengo que considerar; hi dicho que no, y cuando yo digo que no...
Ger.	Ya sé que liés la cabeza de perdenal.
Terne	Y que lo digas. Ya tacordarás cuando maposté á romper siete nueces con la cabeza, las escaché, y eso que me las pusieron de punta contra la pared, pero yo... ¡zás! ca nuez me hizo una gusanera.
Ger.	¡Qué animalada!
Terne	Animalada... la del otro, que tuvo que cumplir lo apostao, comese un almú de cebada.

Conque ya lo sabes; eso de tu chico ú se re-
mata ó sus despido, y á batir pinos á otro
monte.

Ger. Güeno: yo l'hablaré al chico, y creo que se
pondrá en la razón.

Terne Y si no se pone, ya sabes que el tío Terne
es un hombre de cuerpo entero. (Medio mutis
derecha.) ¡Ah! y si la vuelve á cantar el cantar que la cantó anoche, le meto una perdi-
gona.

Ger. Pues, ¿qué cantó?

Terne No me se olvidará:

«¿Que suena mal mi garganta?
¿Que suena mal mi guitarro?
Mucho pior suena tu padre
que se suena con la mano.» (1)

Y esa... es una indirecta que no se la per-
dono.

Ger. Sí que ha estao mál hecho...

Terne Ya le daré con lo que me sueno... (Vase derecha.)

Ger. (Aparte.) ¡Ma dejao de piedra!...
(QUINTÍN llega por la izquierda.)

Quin. Hola, padre; mucho ha madrugao.

Ger. Oye, chiquio; ¿es verdá lo que ma dicho el
tío Terne?

Quin. ¿El qué?

Ger. Que has entontecio á la Sabélica.

Quin. Eso está mal hablao; lo que pasa es que la
tengo voluntá, y ella me corresponde; ná
más.

Ger. Pues, mira, Quintín; la Sabelica no se paina
pa tú; conque, si quiés casate, ahí tiés la
hija de Cosme, una roya bien maja.

Quin. No me cumple el pelo de pinocha.

Ger. Pues, Vicentica la de la posá.

Quin. Chica de posá y viña junto el camino... ya
sabe usté.

Ger. Pues la...

Quin. No se canse usté, padre; las mujeres son
como las cucharas, y ca uno tié de comer
con la cuchara que escoja.

_____

(1) Copla de don Luis Sanz Ferrer, premiada en el concurso de
«Heraldo de Aragón.»

Ger.	Sabelica es cuchara de plata, y un probe, como tú, la tié que gastar de maera.
Quin.	Sabelica no repara en mi probeza.
Ger.	Su padre, sí; y ma dicho que si vuelves á mirala, nos deja sin trebajo.
Quin.	Pero, eso es una mala aición.
Ger.	Lo será; pero, ca uno es ca uno; y el tío Terne es un hombre de cuerpo entero, como él dice; conque ya lo sabes; ati cuenta que Sabelica sa muerto pa tú (Vase por derecha.)
Quin.	(Despues de una pausa, tomando una resolución.) ¡Está bien! (Quintín se retira junto á la lancha. Por la izquierda SABELICA con cesta y manta. MOSÉN ANTÓN, de sotana, casquete negro y bastón.)
Mosén	Calma, mujer, calma; en este mundo todo tiene remedio si no es la muerte.
Sab.	(Llorosa.) ¡Ay, Mosén Antón; ya conoce usté á mi padre!
Mosén	¡Bah! Arboles más corpulentos se doblaron, y torres mas más altas se derrumban. Tu padre no es malo.
Sab.	¡Ca de ser!, pero es tozudo como pocos.
Mosén	No importa, ¡calma, esperanza, y déjamelo á mí!
Sab.	Perderá usté el tiempo.
Mosén	Si él es tozudo, yo tengo mucha paciencia, y ¡qué diantre!; mira esa corriente: ¿quieres nada más blando que el agua?... pues la lluvia deshace las laderas de las montañas, y poco á poco las arrastra al fondo del río.
Quin.	(Avanzando.) Muchas gracias, Mosén Antón; pero no cale que haga usté na.
Sab.	(~~Sorprendida.~~) ¡Quintín!
Mosén	¿De dónde sales tú?
Quin.	(Con esfuerzo supremo.) Sabelica, quédate con Dios.
Sab.	¿Qué quieres decir?
Quin.	Na; que me voy.
Sab.	Es que lo dices de una manerica...
Quin.	Como tié que icirse cuando se dice pa siempre.
Sab.	¡Pa siempre!
Quin.	Pues icile á tu padre que se sosiegue, que por mí no quió que reniegue, ni que t'haga penar á tú.
Sab.	¿Pero, qué piensas hacer?

Quin.	¡Echar río abajo, y no volver más!
Sab.	¿Que no volverás?
Quin.	Primero volverá el agua del Ebro hacia arriba.
Sab.	¡Quintín!
Quin.	Mejor es eso que quedame y hacer una barbaridad.
Mosén	Eso es perder el juicio.
Quin.	Porque no lo hi perdio, hago lo que hago.
Mosén	¿Y á donde vas á ir?
Quin.	¡A los infiernos, si allí me dan trebajo!; pa morime de pena, cualquier sitio es bueno.
Sab.	¡Por Dios, Quintín!
Quin.	Tu padre maborrece, y, como soy hombre de vergüenza, me marcho antes de que él me despida.
Mosén	¡Bah! ¡Bah! ¡Bah! Todo eso no vale una toma de rapé. (Lo toma.) Vaya, Quintín; tú, á tus quehaceres; y tú, Sabelica, seca tus lágrimas, y lo demás corre de mi cuenta.
Sab.	¡Dios quiera que mi padre le escuche!
Mosén	Por allí viene. (A Quintín.) Que no te vea.
	(Quintín desaparece por detrás de la lancha)
	(Tío TERNE llega por fondo derecha.)
Terne	¡Hola, Mosén! Paice que se madruga.
Mosén	Acabé de decir misa y me dije: Vamos á ver salir las armadías; así haré gana de almorzar.
Terne	¿Y tú qué haces ahí plantá?
Sab.	Li traido á usté la cestica y la manta.
Terne	(Toma ambas cosas) Pues, hala pa casa.
Sab.	Si no quiere usté na más...
Terne	Masiau sabes lo que yo quiero, gurriona...
Sab.	Entonces... me marcharé.
Terne	Hala, hala; no paice sino que este sitio tié imán.
	(A una pequeña indicación del Cura váse Sabelica por la izquierda. Tío Terne deja la cesta en el suelo y coloca la manta sobre el borde de la lancha.)
Mosén	Oiga usted, Samuel: quisiera decirle á usted una cosa.
Terne	Ya sé lo que es; lo de siempre; que hace mucho tiempo que no voy á misa...
Mosén	No, hombre; no es eso.
Terne	Sí que lo es; pero no piense que soy de esos que se echan la religión á la espalda, eso

no, ridiós; yo creo que la religión es una cosa mu güena... sobre tóo pa la gente mala; lo que pasa es que siempre pone usté la misa por la mañana, y yo por la mañana tengo que hacer. Diga usté la misa por la tarde, y voy.

Mosén Bien, bien; eso, allá usted con su conciencia.

Terne Usté me gusta, Mosén Antón; na más que por hablar así, me dan ganas de ir á misa por la mañana.

Mosén No es de eso de lo que deseo hablarle.

Terne Venga, pues. (se sienta en los maderos.)

Mosén Usted tiene una hija...

Terne Y ojalá que no la tuviera...

Mosén ¡Hombre, por Dios!

Terne Quió icir, que de buena gana la cambiaba por un hijo.

Mosén Cuando Dios lo ha dispuesto así, es que así convendrá. ¿Tengo ó no tengo razón?

Terne Tiene usté razón... pero, yo pienso to lo contrario. Adelante.

Mosén Sabelica es una chica que usté no se la merece

Terne ¡Repañol ¿Por qué no?

Mosén Porque la contraría usted en lo más sagrado de sus afecciones.

Terne (se levanta.) ¡Vaya, vaya! Tóo eso son trapacerías de ella que la llenao á usté la cabeza. Paice méntira: un hombre que sabe tantos latines, que haga caso de una mocosa.

Mosén Hice caso de una dolorida.

Terne Ya veo que las mujeres son capaces de volver tarumba á un santo. Cudiao; eso de tarumba, aunque laiga dicho por usted, usted como si no; que á mí no me gusta faltar á naide

Mosén Naturalmente: porque ni yo soy santo, ni Sabelica me ha torcido el entendimiento.

Terne Pues, hablemos de otra cosa.

Mosén Usted no tiene mal corazón, pero lo tiene dormido... y yo quiero despertárselo...

Terne Pues, dele usté un grito bien fuerte, á ver si lo despierta. (se sienta.)

Mosén Sabelica quiere á Quintín.

Terne Como si no. Así estoy bien en mi casa..

Mosén Piense usted qué, el estado perfecto del hombre es el de casado.

Terne Antonces... ¿por qué no se casa usted?

Mosén No es lo mismo. Quiero decir, que usted tiene una hija; y si la casara, le parecería que en su casa entraba un rayo de sol vivificador; y hasta sentiría rejuvenecerse... Y después,.. antes del año, ¡oh! no joven, un niño... un niño creería usted volverse...

Terne ¿El qué? (Se levanta.)

Mosén Y el día en que se oyese llamar abuelo... sería tan grande su alegría...

Terne ¡No! ¿Yo, agüelo? ¡Primero me lleven los demonios! ..

Mosén Una palabra, Samuel...

Terne ¡Ni media! A mí que me zarandeen las almadias; pero yo zarandear cunas... ¡quiá! Yo no hi nació pa agüelo.

Mosén Dice Salomón, que: «Corona de los padres son los hijos de sus hijos».

Terne Pero no los hijos de sus hijas... ¡Conque, hemos acabao!

Mosén Pues... que Dios le toque en el corazón, ya que yo no tengo virtud para tanto.

Terne Váyase, váyase á almorzar; y, créame á mí, Mosén Antón; no se meta usted en cosas de hombres y mujeres.

Mosén (Algo mohíno.) Entonces... hasta más ver. (Vase fondo izquierda.)

(Por la derecha DAMIAN y MANDANGA; después QUINTÍN y GERVASIO; y por la izquierda, QUITE-RIA, BÁRBARA, ARMADIEROS, MUJERES y algún chico.)

Dam. Ya está tóo.

Terne ¿Habeis llevao algún remo de repuesto?

Quin. Sí, señor. (Saliendo.)

Terne ¡Hala, pues!, los de las almadías de la otra orilla, metesus en la lancha y á sus puestos.

(Quintín se mete en la lancha; Damián y Mandanga le entregan las mantas, cestas, etc., etc., que traen sus mujeres.)

Quit. Damián, la cestica. (Llegando.)

Dam. Venga.

Quit. Y la manta.

Dam. ¿Y la morena?

Quit. Aquí. está. (La bota.)

Quin. (Que hasta ahora habrá estado agachado en la lancha.) Tío Terne.

Terne ¿Qué hay?

Quin. ¿Qué ha metio usté en la lancha?

Terne Náa.

Quin. Es que... aquí hay un bulto.

Terne ¿Y á mí qué me cuentas?

Quin. (Que se agachó de nuevo.) ¡Rediela!

Terne ¿Qué pasa?

Quin. ¡Ochi, que Dios!

Terne ¿Pero, qué hay, si se pué saber?

Quin. ¡Miá! (Del fondo de la lancha saca y alarga un envoltorio. Todos se acercan con curiosidad; deslían el envoltorio y aparece un recién nacido. Exclamaciones de sorpresa.)

Quit. ¡Una criaturica!

Bárb. ¡Un angelico del cielo!

Quit. ¡Siñor! ¡Y qué malas entrañas de madre, abandonar un crio de esta manera!

Dam. Eso tié que ser cosa de aquellos caldereros que anoche acamparon aquí.

Man. (Riendo.) ¡Y l'han hecho este regalo al tío Terne!

Terne ¡Pues que le pongan en confetura! ¿Qué san figurao; que mi lancha es el torno de un convento?... (A Quintín.) Lo dejas en el suelo... y si lo quieren, que vuelvan por él.

Quit. ¡Probecico; no faltaba más!

Bárb. ¡Mentira paice que diga usté eso!

Terne ¡Pué que saigan creído aquellos perdíos que yo tengo obligación de cargar con lo que ellos tiran!...

Quit. ¿Qué culpa tié la criaturica de que laigan traído al mundo?

Terne ¿La tengo yo? ¡Ridiós, tamién!

Quit. ¿Quién sabe si es Dios quien se la manda á usté?

Terne ¡Hala, hala! ¡largo de aquí, alparceras!...

Quin. ¡Güeno! ¿y qué hago yo con esto?

Bárb. Trai; ya que el tío Terne no lo quiere, yo me encargo de él; ¿verdá, Damián?

Dam. Ocho bocas semos en casa; seremos nueve.

Quit. ¡Bocas! ¡Y á esto le llamas boca! ¡Si paice el piquico de un gafarrón!

Dam. Pues, á casa con él.

Bárb. (A Mandanga.) Mira; puesto que Dios no nos-ha dao hijos, ya tenemos uno. (Lo coge.)

Quit. (Quitándoselo.) ¡Quita day! ¿Qué sabes tú de chicos, si nunca te las has visto más gor-das?...

Bárb. ¿Pero, no ties bastante con seis?

Quit. Mas que fueran doce.

Bárb. El crío es pa nosotros.

Man. ¡Sí siñor!

(Se disputan el chico.)

Quit. El chico me corresponde á mí, qui tenio seis, y los tres ultimos de un golpe, y con mucha salú pa crialos, y ahí está tol pueblo que ma visto con los tres, uno en cada pecho.

Terne Pues di que eres un fenoméno.

Man. ¡Tié razón la Barbára!

Dam. ¡Tié razón la Quiteria, y el chico es nuestro!

Terne (Cuadrándose.) ¿Qué es eso de que el chico es vuestro? ¿Qué manera es esta de disponer de lo de otri? ¿Pero es que lo habís encontrao en vuestra casa?

Man. ¿Qué más da?

Terne ¿Que qué más da, so mostillo? ¡Pué que creas que mi lancha es de toa Dios menos mía! ¡De lo que hay en mi lancha no dispone naide más que yo, repañó!

Quit. Pero como usté no lo quiere... porque no tiene usté entrañas...

Terne ¿Más mirao por drento á ver si las tengo?

Quit. Aunque las tenga usté, no son de madre...

Terne ¡No me busques la lengua, que voy á icir una bárbaridad!

Quit. ¡Pues venga el crio!

Bárb. ¡No, siñor, pa mí! (Vuelven á disputárselo.)

Dam. ¡Tié razón la Quiteria!

Terne ¡No tié razón naide! ¡Ridiós! ¡Y manos quie-tás, y lengua en el bolsillo! ¡Venga eso! (Toma el niño.) ¡Ahora es mío y Sansacabó!

Bárb. ¿Usté qué sabe de críos?

Terne ¡Sé lo que á tú no te importa! (A un jovenzue-lo.) Pequeño, corre á casa y que venga Sabe-lica. (El joven vase corriendo foro izquierda.) ¡No faltaría más sino que aquí tol mundo man-dara más que yo.

Quit. Ese crío es de todos.

Terne ¿No es mía la lancha? ¡Pues también la car-

ga! Y la criatura será pa quien la merezca.
(A Bárbara) ¿Cuántos hijos tiés tú?

Bárb. Nenguno.

Terne Cuando Dios no ta dao hijos, és que no te
los meieces.

Quit. Tié razón.

Terne ¿Cuántos tiés tú?

Quit. Seis.

Terne Pues ya tienes bastantes; de modo, que esto
es mío, por cualquier parte que se le mire.

Quit. ¡Pero no le coja usté así que le va á hacer
mal! (Quiere arreglárselo.)

Bárb. ¡Claro! ¿Qué sabe usté?

Terne (Zafándose.) ¡Quietas! ¿Pensáis que no sé de
esto? A la Sabelica, que fué una llorona, á
ver quién la ha paseado más que yo: cuando su madre, que esté en gloria, ya no podía
con tanto ¡güe!... ¡güe!... «Traila», le decía
yo: «Ven aqui, cielico; ven con tu padre...»
(Pasea, mece al niño.) Y yo la paseaba, le can-
taba una jotica... y me sé dormía en los brazos. ¡Que no tengo entrañas! Las tengo, pero
no las llevo en la punta de la lengua como
vusotras... ¡Alparceras! ¡Miá qué carica tiene... si hasta me paice que se me paice!...

Sab. Padre; ¿qué es eso?

Terne Miá; una moña.

Sab. ¿Qué dice usté?

Terne Que ti ferião. (Muy contento.)

Sab. ¡Uy, probecico! ¡Qué pequeñico!

Terne Ya será grande: tú te encargarás de que
crezga... y ande no llegues tú, llegaré yo.
¿Qué sus habís creido, charradoras? Y será
todo un hombre.

Quit. Ya habrá pasao agua pol Ebro.

Terne (Vivo.) ¿Qué tapuestas á que la semana que
viene me lo llevo á Zaragoza en las almadías? A mi lao será un hombre como yo; de
cuerpo entero.

(MOSÉN ANTÓN por la izquierda. Sabelica tiene el
niño y lo mece aconsejada por las demás mujeres.
Quintín se coloca cerca de ella. Todos rodean al niño
con interés.)

Mosén ¿Conque es verdad lo que me han dicho?

Terne (Gozoso.) Sí, Mosén Antón. Viene usté pinti-
parao. Misté: el heredero de casa. (El niño.)

Mosén	¡Señor! ¡Señor!
Terne	Enséñaselo, Sabelica.

(Se acercan todos.)

Mosén	¡Un recién nacido! Pero, ¿cómo ha podido ser?
Terne	El cómo ha podido ser... no es cosa de explícalo ahora.
Mosén	Quiero decir que de dónde ha venido.
Terne	¿Qué más da? Cuando le cae á usted una gota en la nariz, ¿pregunta de dónde viene?
Mosén	No, porque viene del cielo.
Terne	Pues lo mesmo ese crío; ha caido en mi lancha y es mío.
Mosén	Sí; mientras no lo reclamen sus padres.
Terne	¡Quiá; ese crío no ha tenio padres!
Mosén	¿Cómo?
Terne	Cosas de esos hungáros que van pol mundo; se les abujera un caldero, ahí te lo dejo; se les muere un pollino ó les nace un chico, lo mesmo... y alante siempre.
Quit.	Bueno; el caso es que el pobrecico debe tener hambre.
Sab.	Hay que darle algo...
Quit.	Está muy arguelladico.
Sab.	Y frío; tié las manos heladicas.
Quit.	Como que sa pasao la noche en la lancha.
Mosén	Este niño está enfermo: lo prudente será bautizarlo inmediatamente.
Sab.	¿Aquí mismo?
Mosén	¿Por qué no?
Terne	Bien pensao. ¿Qué hace falta?
Mosén	Agua.
Terne	¿Sirve del Ebro?
Mosén	Ya lo creo. Como si fuera del Jordán.
Terne	*(Al jovenzuelo.)* Corre, pequeño, tráite un cubo. *(El joven vase por derecha y vuelve con un cubo de agua.)* ¿Qué más?
Mosén	Nada más. ¿Quiénes van á ser los padrinos?
Terne	¡Otra, pues! Yo y la Sabelica.
Mosén	¿Qué nombre le ponemos?
Terne	¡Miá qué pregunta! El mío; Samuel.
Mosén	¿Y si es chica?
Terne	Si es chica, Samuela.
Quit.	Es chico; yo respondo.
Mosén	Tomé usted la criatura. *(Momento solemne en su sencillez. El tío Terne, con la criatura boca abajo, se*

pone á la derecha del Cura, y Sabelica á la izquierda. Al descubrirse el Cura, se descubren todos. El Curá toma agua con la mano del cubo que sostiene el jovenzuelo. y dice en medio de religioso silencio.) Samuel; yo te bendigo en el nombre del Pádre, del Hijo y del Espíritu Santo.

Sab. Amén.

Mosén Ya es cristiano.

Ger. ¡Vivan los padrinos!

Todos ¡Vivan!

(Explosión de alegría.)

Quit. Que sea enhorabuena, señá madrina.

Sab. Gracias, Quiteria.

Dam. (Da la mano al tío Terne.) Tío Terne, que sea por muchos años.

Sab. (Inquieta.) ¡Ay, señá Quiteria! ¡Mire usté este niño! ¡No sé qué tiene!

Quit. ¿A ver?

Sab. Sa estremeció.

Quit. ¡Ay, hijo de mi alma! ¡Si está heladico!

Bárb. Pa mí que esta criatura se muere.

(Se acercan todos.)

Terne ¡Qué sa de morir!... ¡Habladora!

Mosén ¡Vamos, corriendo á que lo vea el médico! ¡No hay tiempo que perder!

Sab. ¡Vamos!

Bárb. Yo lo llevaré. (Toma el niño y vase con Sabelica, foro izquierda.)

Terne ¿A qué médico lo van á llevar?

Mosén A don Pantaleón.

Terne ¡No: á ese no!

Mosén ¿Por qué?

Terne Porque cuando Sabelica tuvo las calenturas, lo llamé á consulta, y me dejó mú triste.

Mosén ¿Pues qué dijo?

Terne Ni una palabra; no hizo más que mover la cabeza de un lao pa otro... y pedime cinco duros...

Mosén Bien; iremos á ver al otro. (Vase foro izquierda.)

Dam. Tío Terne: esto hay que remojalo...

Terne Se remojará, y habrá pelaillas y de tóo... y pa cá uno de vosotros, un puro así... (Marca cosa de una cuarta con ambas manos.)

Man. ¿Así de gordo?

Terne ¡Anda day, avistruz!

Quit. ¿Y cuándo va á ser?

Terne	Esta mesma tardé.
Dam.	¿Pues no ha dicho usté que viene en las almadías?...
Terne	Sí; pero me güelvo atrás de lo dicho; no me da reparo el dicilo; en tóo lo que me queda de vida no pienso separarme de mi nietecico.
Quit.	¿Su nietecico?
Terne	Pal caso, como si lo fuera; yo le daré biberón, lo llevaré á la escuela, y luego, á Zaragoza, al Estituto y á la Universidad...
Ger.	¡Anda! ¿Y qué carrera va á seguir?
Terne	La de medico: pa que cobre cinco duros sólo por hacer *así* con la cabeza, como don Pantaleón.
Sab.	(Que vuelve llorando.) ¡Padre! ¡Padre!
Terne	¿Qué pasa?
Sab.	¡El niño!... (Llora con angustia. Ansiedad general.)
Terne	¡Habla de una vez!
Sab.	¡Se nos ha muerto pol camino!
Terne	¡No pué ser!
Mosén	(Que vuelve.) Desgraciadamente es así. (Silencio glacial.)
Sab.	¿Pa qué habrá venío al mundo ese ángel de Dios!
Bárb.	Un angelico más en el cielo.
Sab.	¡Qué pena! ¡Yo que ya le quería!...
Terne	(Aterrado.) Pero... ¿de verdá sa muerto?... ¡Si no pué ser!
Mosén	Dios lo ha querido.
Terne	¡Lo ha querido... lo ha querido!... (Explosión de ira.) ¡Pues yo no! ¡Maldi...! (El Cura le tapa la boca. Terne cae sollozando sobre los maderos.)
Mosén	¡Silencio!.. ¡Dios sabe por qué lo ha hecho, y no está en nosotros el juzgarlo!
Terne	(Se levanta con acento de dolor.) Es que yo... ya habia cogio lay... Misté; no era na, no era mío... ni era sangre de mi sangre, y ya ve usté... (Secándose los ojos.) ¡ya lo quería yo como si fuese mi nietecico!...
Mosén	(Con gran ternura.) Sí, amigo Samuel; ¿recuerda usted lo que le dije hace poco? Dios me ha escuchado, y, por medio de esa criatura, se ha dignado tocarle á usted en el corazón. ¿Llora usted por su nietecito? ¿A qué espera usted, pues?

(Terne le mira como alelado; de pronto, comprendiéndo, mira en derredor; el Cura le presenta á Quintín y á Sabelica.)

Terne ¡Quintín!... ¡Sabelica! ¡No sus pregunto na!... ¡No me digais na!... ¡Toma, aquí la tienes!,

Quin. (Conmovido.) Gracias; Dios se lo pague. (Le da la mano)

Sab. (Abrazándole.) ¡Padre!

Terne (Conmovido y aparentando fortaleza.) ¡Na; no quiero saber na! Pero, eso sí. (Solemne.) Si antes de un año no soy agüelo... tóo Dios sabrá quién es el tío Terne.

Mosén Muy bien.

Terne   Y le pondremos Samuel,
    y será de cuerpo entero,
    como tós los que se crían
    á la orillica del Ebro.

TELON

OBRAS DE APELES MESTRES

Poesía

Idilis................ llibre primer (3.ª edició)
Idilis................ llibre segón (2.ª edició)
Balades.......................... (Agotada)
Cants íntims...................... (2.ª edició)
La Garba..........................
Vobiscum.......................... (2.ª edició)
Odes serenes...................... (2.ª edició)
Noves balades..................... (2.ª edició)
Epigrames......................... (Agotada)
Intermezzo, de Heine, traducció......... (2.ª edició
agotada)
Llibre d'hores.................... (2.ª edició)
Croquis ciutadans.................
Pom de cansons....................

Poemes

L'ánima enamorada................. (Agotada)
Margaridó......................... (3.ª edició)
L'estiuet de Sant Martí........... (2.ª edició)
Gaziel............................ (Agotada)
En Miseria........................
Poemes de mar..................... (3.ª edició)
Poemes de terra...................
Poemes d'amor.....................
Liliana. (Poema en XIII cants y prólech. Edició monumental ilustrada per l'autor.)
La rondalla del Amor.............. Trilogía

Prosa

Clavé............................. Monografía (Agotada)
Tradicións catalanes..............
Recorts y fantasies...............
Qüentos bosquetans................
La Perera. (Poema dramátich en si jornades.)

Teatre

Monòlechs............................... (Colecció de XII)
La Rosons.............................. (1 acte)
Picarol. .... (1 »)
Gaziel................................ (1 »)
Nit de Reys........................... (2 »)
Follet................................ (3 »)
En Joan del Os........................ (2 »)
Pierrot lladre........................ (1 »)
L'honor............................... (1 »)
Sirena................................ (1 »)
La presentalla........................ (3 »)
La senyoreta.......................... (1 »)
El sense cor.......................... (3 »)
L'Avt................................. (1 »)
La presó de Xauxa..................... (1 »)

Inéditas

Margaridó............................. (Drama lírich)
Petrarca (*).......................... » »
El novici (*)......................... » »
Els miquelets d'Olesa................. » »

BIBLIOTECA D'ART Y CULTURA

	Pesetas
El diner Sagrat, quadre dramatich en un acte, per J. Ayné Rabell..................	0,75
La presó de Xauxa, fantasía lírica en un acte, per Apeles Mestres, música de Borrás de Palau..............................	0,75

(*) Publicats en el llibre *Poemes d'Amor*

OBRAS DE PABLO PARELLADA

Los asistentes, juguete en un acto.

La cantina, sainete en un acto.

Las olivas, cuento en un acto.

El Regimiento de Lupión, comedia en cuatro actos.

El filósofo de Cuenca, comedia en tres actos.

El figón, juguete en un acto.

Los motes ó el gran sastre de Alcalá, sainete en un acto, en colaboración con D. Juan Colom.

La güelta é Quirico, juguete en un acto.

El teléfono, juguete en un acto.

El himno de Riego, episodio histórico en dos actos

La vocación, comedia en dos actos.

De Madri l á Alcalá, sainete en un acto y tres cuadros.

Tenorio modernista, remembrucia enoemática y jocunda en una película y tres lapsos.

Lance inevitable, juguete cómico en un acto y tres cuadros.

Caricaturas, pasatiempo en un acto y cinco cuadros.

El Maño, zarzuela en un acto en colaboración con don Gonzalo Cantó, música del maestro Barrera.

El celoso extremeño, zarzuela en un acto y tres cuadros, en colaboración con D. Gonzalo Cantó, música del maestro Barrera.

De pesca, diálogo en prosa.

El Gay Saber, sainete en un acto y tres cuadros, en colaboración con D. Alberto Casañal.

Los divorciados, opereta en tres actos, arreglada del alemán.

Mujeres vienesas, opereta en tres actos, arreglada del alemán.

Tenorio musical, humorada en un acto y cinco cuadros.

Repaso de examen, entremés.

Recepción académica, monólogo, en colaboración con D. Alberto Casañal.

Cambio de tren, monólogo, en colaboración con D. Alberto Casañal.

A la orillica del Ebro, juguete en un acto, arreglado del catalán.

Precio: UNA peseta

I PREDICABA DIEGO

COMEDIA

en tres ~~ ~~ prosa, original

MADRID
SOCIEDAD DE AUTORES ESPAÑOLES
Calle del Prado, núm. 24

——

1921

Lightning Source UK Ltd.
Milton Keynes UK
UKHW021144061218
333419UK00013B/2189/P